ABRAHAM LINCOLN

PERSONAS QUE CAMBIARON LA HISTORIA

David y Patricia Armentrout

Traducido por Esther Sarfatti

Rourke Publishing LLC
Vero Beach, Florida 32964

www.rourkepublishing.com

DERECHOS DE LAS FOTOGRAFÍAS
©PhotoDisc, Inc. págs. 4, 12
©James P. Rowan págs. titular, 7
Las demás fotografías han sido cedidas por la Biblioteca del Congreso.

SERVICIOS EDITORIALES
Pamela Schroeder

Catalogado en la Biblioteca del Congreso bajo:

Armentrout, David, 1962-
  [Abraham Lincoln. Spanish.]
  Abraham Lincoln / David and Patricia Armentrout
    p. cm. — (Personas que cambiaron la historia)
  Includes bibliographical references and index.
  Summary: A simple biography of the man who was president during the Civil War.
  ISBN 1-58952-167-6
    1. Lincoln, Abraham, 1809-1865—Juvenile literature. 2. Presidents—United States—Biography—Juvenile literature. [1. Lincoln, Abraham, 1809-1865. 2.Presidents. 3. Spanish language materials.] I. Armentrout, Patricia- II. Title.

E457.905 A7518 2001
973.7'092—dc21
[B]   2001031982

  pbk 1-58952-248-6

Impreso en EE.UU.

CONTENIDO

¿QUIÉN ES ABRAHAM LINCOLN?

Abraham Lincoln fue el decimosexto presidente de los Estados Unidos. Luchó para acabar con la esclavitud en América. Fue presidente durante la **Guerra Civil** (1861-1865). Pronunció el llamado discurso de Gettysburg. Mucha gente piensa que Abraham Lincoln fue el mejor presidente que ha tenido Estados Unidos.

Una estatua en mármol blanco del presidente Lincoln está en el Monumento a Lincoln en Washington, D.C.

EL JOVEN ABRAHAM

Abraham Lincoln nació el 12 de febrero de 1809. Sus padres eran granjeros. Vivían en una cabaña de una sola habitación en los bosques de Kentucky.

Desde muy pequeños, Abraham y su hermana mayor Sarah ayudaban a cultivar los campos. No les quedaba apenas tiempo para ir a la escuela.

Cuando Abraham cumplió los siete años, la familia se mudó a Indiana. Abraham ayudó a su padre a construir una nueva casa. Cortó árboles y partió troncos.

La casa donde creció Lincoln está en Knob Creek, Kentucky.

APRENDIENDO POR SU CUENTA

Aunque Abraham no iba a menudo a la escuela, leía siempre que podía. Entre otras muchas cosas, leyó sobre George Washington.

En 1818 la madre de Abraham murió. Un año después, su padre se casó con Sarah Bush Johnson, que tenía tres niños. Sarah era muy buena con Abraham. Lo animaba a que siguiera leyendo.

Abraham Lincoln era apodado el "Corta Raíles".

LEYES Y POLÍTICA

La familia Lincoln se mudó a Illinois en 1830. Al cabo de un año, Abraham dejó su hogar. Se hizo abogado en Springfield. Conoció a Mary Todd en Springfield. Se casaron en 1842. En el año 1853, Abraham y Mary ya tenían 4 hijos.

A Lincoln le encantaba la **política**. Prestó servicio en la **asamblea legislativa** de Illinois. Fue congresista y se presentó a senador.

Mary Todd y Abraham Lincoln
se casaron en 1842.

LINCOLN HABLA CONTRA LA ESCLAVITUD

A principios del siglo XIX, estaba prohibido por ley traer nuevos esclavos a Estados Unidos. Sin embargo, todavía existía esclavitud en algunos estados. Los propietarios de las **plantaciones** del sur tenían esclavos. No querían que se acabara la esclavitud. La mayoría de los norteños estaban en contra de la esclavitud, incluyendo a Lincoln.

Lincoln habló contra la esclavitud. Lincoln quería que nuevos estados se sumaran a la Unión como estados libres, no como estados esclavos.

Abraham Lincoln era conocido por su honestidad y a menudo se le llamó "Abraham el Honesto".

EL PRESIDENTE LINCOLN

Lincoln se presentó a las elecciones para presidente en 1860 y ganó. Se convirtió en presidente el 4 de marzo de 1861.

El presidente Lincoln luchó para mantener el país unido. Sin embargo, once estados dejaron la Unión. Formaron los Estados Confederados de América. Ambos bandos formaron ejércitos, y la Guerra Civil empezó el 12 de abril de 1861.

Tad, el hijo de Lincoln, que aparece aquí con su padre, a menudo jugaba a ser un soldado de la Unión.

LOS ESCLAVOS LIBERADOS

La esclavitud había dividido el país en dos. El presidente Lincoln podía haber acabado con la esclavitud de inmediato. Sin embargo, sabía que perdería el apoyo de algunos estados. Lincoln pensó que los estados sureños dejarían la Unión para siempre si él terminaba con la esclavitud.

Finalmente, el presidente Lincoln creó la **Proclamación de Emancipación**. Esta proclamación decía que los esclavos de los Estados Confederados eran libres.

La Proclamación de Emancipación fue el principio del fin de la esclavitud en Estados Unidos.

EL DISCURSO DE GETTYSBURG

La batalla más sangrienta de la Guerra Civil se libró en Gettysburg, Pensilvania. Al terminar, miles de soldados yacían muertos en el campo de batalla.

Cuatro meses después, la gente fue a Gettysburg para honrar a los muertos. El presidente Lincoln habló durante sólo dos minutos. Pero su discurso, llamado el discurso de Gettysburg, se considera ahora un acontecimiento especial en la historia de América.

18   *Una foto de la batalla de Gettysburg*

LA MUERTE DE LINCOLN

El 14 de abril, el presidente Lincoln y su esposa fueron a una representación de teatro. John Wilkes Booth, un actor que apoyaba al sur, disparó a Lincoln aquella noche. El presidente Lincoln murió el 15 de abril de 1865.

Lincoln había apoyado una **enmienda** para acabar con la esclavitud en toda la nación. Después de su muerte, el 8 de diciembre de 1865, la decimotercera enmienda a la **Constitución** se convirtió en ley.

Este dibujo muestra a John Wilkes Booth disparando al presidente Lincoln.

THE ASSASSINATION OF PRESIDENT LINCOLN,

AT FORD'S THEATRE WASHINGTON. D.C. APRIL 14TH 1865.

Entered according to Act of Congress AD 1865 by Currier & Ives in the Clerks Office of the District Court of the United States for the Southern District of N.Y.

Published by Currier & Ives, 152 Nassau St New York.

FECHAS IMPORTANTES PARA RECORDAR

1809   Nació en Kentucky (12 de febrero)

1816   Se mudó a Indiana

1830   Se mudó a Illinois

1842   Se casó con Mary Todd

1861   Se convirtió en presidente (4 de marzo)

1861   Empezó la Guerra Civil (12 de abril)

1863   Emitió la Proclamación de Emancipación
        (1 de enero)

1863   Pronunció el discurso de Gettysburg
        (19 de noviembre)

1865   Fin de la Guerra Civil (9 de abril)

1865   Murió en Washington, D.C. (15 de abril)

1865   La decimotercera enmienda se convirtió
        en ley

GLOSARIO

asamblea legislativa — parte del gobierno que hace las leyes y las pone en marcha

Constitución — una relación de leyes

enmienda — un cambio o corrección a una ley

Guerra Civil — una guerra entre los Estados Unidos de América (la Unión) y los once estados sureños (Confederación)

plantación — una gran extensión cultivada por gente que vive en la misma

política — la actividad de la gente que hace las leyes y lleva a cabo los planes del gobierno.

Proclamación de Emancipación — un documento emitido por el presidente Lincoln que liberó o emancipó a los esclavos

ÍNDICE

Lecturas recomendadas

Bennett, Russell. *Abraham Lincoln.* Gareth Stevens, Milwaukee ©1992
Lee, Susan. *Abraham Lincoln.* Childrens Press, Chicago ©1978
Freedman, Russell. *Lincoln, A Photobiography*. Clarion Books, NY ©1987

Páginas Web recomendadas

- http://members.aol.com/RVSNorton/Lincoln2.html
- http://lincoln.lib.niu.edu/

Acerca de los autores

David y Patricia Armentrout se especializan en escribir libros de no ficción. Han publicado varios libros de lectura para escuelas primarias. Viven en Cincinnati, Ohio, con sus dos hijos.